介護スタッフのための

シニアの心と体によい言葉がけ5つの鉄則

斎藤道雄 著

黎明書房

はじめに ―言葉がけで健康になる

この本は、
現場で活躍する介護スタッフのみなさまが、
ちょっとした言葉がけで、
シニアの心と体を元気にする本です。

つまり、「言葉がけで健康になる本」です。

では、なぜ、言葉がけなのか？

みなさんは、誰かに何かを言われて、
落ち込んだりしたことはありませんか？
では、そのとき、体の中は、一体どうなっているでしょうか？

嫌なことを言われる　↑ココがスタート

←嫌な気分になる

←感情が乱れる　↑ココで「ドキドキ」

←血流が乱れる

←血流が悪くなる　↑ココがポイント

←体調が悪くなる（頭痛、便秘、不眠など）　↑ココが長く続くと……

←病になる（リスクが高まる）

そう考えてみると、
ストレスなんかで、胃潰瘍になるのもよくわかります。

じゃあ、どんな言葉が健康によくて、
どんな言葉が健康によくないのか？
知りたくないですか？

この本は、そんな健康によい言葉・よくない言葉を、それぞれたくさん集めてみました。

さらに、もうひとつよいことがあります。
言葉がけで元気になるのは、相手だけではありません。
その言葉がけをした本人も元気になるのです。

言葉がけをした人も、された人も、元気になります。

この本が、みなさまの健康の秘訣になれば、最高の幸せです。

シニアの心と体によい言葉がけ5つの鉄則

「どんな言葉がけがいけないのか?」、
「どんな言葉がけがよいのか」、

そのポイントになるのが、「5つの鉄則」です。
鉄則を押さえることが、
あらたな言葉がけを生み出すヒントになります。

鉄則1・否定しない（シニアの言ったり、したりすることを否定しない）
鉄則2・オーバーに表現する（演技、身振りを交えて伝える）
鉄則3・はっきりさせて話す（ものごとをはっきりさせて話す）
鉄則4・強制しない（強制的な言葉は極力使わない）
鉄則5・簡潔な言葉で話す（一言で、短く、わかりやすく伝える）

こんな方々におススメします

この本にある言葉がけは、

「介護スタッフ」が「シニア」に対してのものですが、
ひとくちに、シニアと言っても、年齢や体力差が著しく違います。

この本で取り扱うシニアというのは、おもに、

「自立から要介護までのシニア」

「認知症のシニア」

「目や耳が不自由なシニア」です。

また、このほかにも、
「お父さん、お母さん」が「子ども」に、
「学校の先生」が「生徒」に、
「指導者」が「選手」に、
日常の場面でも、ご活用いただける内容になっています。

目次

●鉄則4　強制しない（強制的な言葉は極力使わない）　59

鉄則1

否定しない

シニアの言ったり、
したりすることを
否定しない

鉄則1

「お手伝いしましょう」と言うより、

「お手伝いしましょう」
そう言って、シニアに親切にするのは、
とてもよいこと、のように思います。
でも、本当にそうでしょうか？

手伝うか？　手伝わないか？
その判断基準は、

「残存能力を生かす」

一般的に、使用しないところから衰えは早く、
反対に、いつも動かしたり、使っているところは、
老化が現れても、その進行は遅いと言われています。

だから、**自分でできることは、可能な限り、ご本人にやってもらうほうがよい**のです。

もし、おひとりでむずかしそうなら、

「お手伝いしましょう」ではなく、

「いっしょにしましょう」

そう言って、なるべくご本人にしてもらいましょう。

手伝うのは、外側から見れば親切かもしれません。

でも、本当に大事なのは、

「見える親切」より、「見えない親切」です。

シニアの心と体によい言葉がけ

「お手伝いしましょう」と言うより、**「いっしょにしましょう」**。

鉄則1

2

「さっき食べたでしょ」と言うより、

食事をしたばかりなのに、
「ごはん、まだ?」
もしも、認知症の人に、そう言われたら、何て言いますか?

「さっき食べたでしょ!」

いえいえ、ちょっと待ってください。怒ってはダメです。
立場を変えて、考えてみましょう。
もし、みなさんが、何の理由もなく、
いきなり怒られたら、どう感じますか?
ぼくなら、「不安」や「恐怖」を感じます。
認知症の人も、同じです。
そんなときに、おススメの言葉がけは、

「すぐに用意しますね」
「いそいで支度しますね」
「お待たせしてごめんなさい」

ポイントは、
「相手の世界に合わせて、相手の言うことを否定しない」
ココさえしっかり押さえておけば、
やさしい言葉が出るようになります。

もう一度繰り返しますけど、
怒ったら、ダメ。怒ったら、損。

シニアの心と体によい言葉がけ

「さっき食べたでしょ」と言うより、**「すぐに用意しますね」**。

鉄則1

3

「でもね、」と言うより、

「でもね、」

このあとに続くのは、まず、反撃です。

人は、その言葉を聞いた瞬間、
自動的に戦闘モードに突入します。

「おうっ。来るなら来い！」

「やってやろうじゃないか」って。

お互いにダメージを負う無用な争いは、
絶対に回避しなければなりません。
そんなときには、おススメなのは、

「お気持ちはよくわかります」

そう言って、
まず、**相手の気持ちを、**
一旦、受け止めてください。
すると、クールダウンできます。

そして、そのあとから、
「落ち着いて」、
「ゆっくりと」、
「ていねいに」、
話すようにしてください。

これで無事、戦闘回避です。

シニアの心と体によい言葉がけ

「でもね、」と言うより、**「お気持ちはよくわかります」**。

鉄則1　4

「どうして？　なんで？」と言うより、

「どうして？　なんで？　そんなことをしたんですか？」
何か問題があると、
つい、そんなふうに、言ってしまいます。

すると、相手は、あせって、
何か言い訳したり、
何か言い返したり、したくなります。

「どうして？」って、
相手を、追い詰めてしまうことになるのです。
追い詰められると、素直になりにくいのです。
だから、どちらにとっても、よいことなしです。
そんなときは、ぜひ、こんなふうに言ってみてください。

「私でよければ、お話聞かせてください」


そう言って、相手の話をよく聞いてください。

大事なのは、

「あなたの力になりたい」

という、姿勢なのです。


敵にならないでください。

あくまでも、**味方でいてください。**

それが、お互いの健康のためです。

シニアの心と体によい言葉がけ

「どうして？　なんで？」と言うより、**「私でよければ、お話聞かせてください」**。

鉄則1

5 「けんかはやめて」と言うより、

ある認知症デイサービスで、
利用者どうしがけんかをしていました。
その場にいた、ある介護の専門家は、
けんかをやめさせるために、ある言葉がけをしました。
さて、その言葉がけとは何でしょう?

第1ヒント 「けんかはやめて!」は、違います。

第2ヒント 言ったのは、女性です。(大ヒントです)

第3ヒント 思わず、笑っちゃいます。

こたえは、

「今日のわたし、キレイでしょ?」


見事に、これで、一件落着です。

そうなんです!

「意表を突く」のが、けんかを止める極意です。

もし、ぼくなら……。


「すみません! 食堂は、どっちですか?」

それでダメなら、さらに、

「すみません! トイレは、どっちですか?」

(やめるまで、繰り返す)

ねらいは、「戦意喪失」ですから。

シニアの心と体によい言葉がけ

「けんかはやめて」と言うより、**「すみません! トイレは、どっちですか?」**。

鉄則1

6

「やめてください」と言うより、

認知症の夫を妻が介護している、
あるご夫婦がいました。

夫は、妻に、乱暴な言動を繰り返しました。
そして、その夫が亡くなったあと、
妻に、ある癖が残ります。

さて、ここで問題です。
妻が、夫を介護しているときに、
いつのまにか、身についてしまったある癖とは、
いったい何でしょう。

なんと、驚きのこたえです。それは、

「大きな声を出して笑う」

妻が、笑っているときは、
夫も、落ち着いていたのでした。

有効なのは、「やめて！」より、「笑い声」なのです。

ちなみに、笑顔だけよりも、
声を出して笑うときの方が効き目があったんだとか。
笑い声の効果は、絶大です。
笑い声。恐るべし！

シニアの心と体によい言葉がけ

「やめてください」と言うより、**「大きな声を出して笑う」**。

鉄則1

7

「私のせいじゃない」と言うより、

「こんなに待たせやがって！」

あるデイサービスに行ったときに、男性が、ぼくにこう言いました。
その男性は、認知症でした。
（ぼくは、きっちり時間どおりだったので）

「そんなの、ぼくのせいじゃありませんよ！」

なんてことは、言いません。では、何て言ったか？

「お待たせして、大変申し訳ございませんでした」

そう言って、深々と頭を下げました。

すると、その男性は、どうしたか？
それ以上は、もう何も言いませんでした。
仮に、ぼくが、何か言い返していたら、
その男性は、もっと怒ったかもしれません。
その怒りは、ご本人だけでなく、
ほかの人をも、イヤな気分にします。

だから、**最優先すべきなのは**
その男性が落ち着くことなのです。
「悪くないのにあやまる」なんてどうでもよいのです。
それで、誰もが健康でいられるなら。

シニアの心と体によい言葉がけ

「私のせいじゃない」と言うより、「申し訳ございませんでした」。

鉄則1
8

「大丈夫ですか？」と言うより、

「あなたはガンです。」

もし、医者から、そんなふうに言われたら、どうなるでしょうか？
きっと、ふつうの精神状態ではいられません。
でも、もしこれが、こんな言い方だったら、どうでしょう？

「あなたはガンです。でも、ガンというのは、
悪くなることもあるし、よくなることもある。
最後までどうなるかわかりません。」

たとえ、同じ病でも、こんなにインパクトが違います。
前者は病が悪化しそうですが、
後者なら病は改善しそうです。

あるお医者さんは、ぼくに、

「病は、薬じゃ治らないんですよ。
病は、言葉で治るんですよ」

と病気への言葉の力を教えてくれました。
だから、病気やけがで不安な人がいたら、
「大丈夫ですか?」よりも、
ぜひ、こう言ってください。

「大丈夫ですよ!」
「きっと、すぐによくなりますよ!」

シニアの心と体によい言葉がけ

「大丈夫ですか?」と言うより、**「大丈夫ですよ!」「きっと、すぐによくなりますよ!」**。

鉄則1

9

「ごめんなさい」と言うより、

「ごめんなさい」は、

「ありがとう」とセットで言うとよいのです。

ある女性が、街角で声をかけられたときに、
こう言いました。

「今、急いでいるから、ごめんなさい。

でも、声をかけてくれて、ありがとう」

無言で無視じゃなくて、

「ごめんなさい」&「ありがとう」

断り方としては、最高です。

スゴいのは、言った方も、言われた方も、

よい気分になることです。
もちろん、介護にだって使えます。

「気がつかなくて、**ごめんなさい。**
でも、教えてくれて**ありがとう**」

「こんなこと聞いてしまって、**ごめんなさい。**
でも、話してくれて**ありがとう**」

ポイントは、
ありがとうが、あとです。
感謝で終わるのが、よい気分のコツです。

シニアの心と体によい言葉がけ

「ごめんなさい」と言うより、**「ごめんなさい。でも、ありがとう」。**

鉄則1 10

「さっきも言ったでしょ」と言うより、

同じことを何度言っても、
相手になかなか理解してもらえないと、
イライラして、ついつい「さっきも言ったでしょ」と言いたくなります。

でも、言われた方は、どうでしょう?

「ちょっと忘れただけなのに!」

「そんな言い方することないのに!」

そうなれば、自律神経も乱れて、心拍数も急上昇。

落ち着いて話をするなんてもう無理です。


そんな最悪な状況を回避するためにおススメの一言は、

「わたしの言い方がよくありませんでした」

その言葉がけで、相手に
「わたしが悪かったのかな？」、
「わたしがちゃんと聞いてなかったかな？」
と思ってもらえ、冷静に話が出来ます。
お互い無駄な言い争いをせずにすみます。
（実はこれ、スゴい得なことです）

イライラしたら損です。
イライラしない極意は、
「負けるが勝ち」です。

シニアの心と体によい言葉がけ

「さっきも言ったでしょ」と言うより、**「わたしの言い方がよくありませんでした」**。

コラム①

「家族の要望」より「本人の意思」

「もっとリハビリして、元気になってほしい」
あるデイサービスでは、そんな「ご家族からの要望に困ってしまう」と言います。
必ずしも、シニアご本人も、そう思っているとは限らないのです。
もしも、ぼくが、スタッフの立場ならば、
ご家族に、こう質問します。
「ご本人は、どう思っていらっしゃるんでしょうか？」
あくまでも、大事にしたいのは、「ご家族の要望」よりも、「ご本人の意思」です。
あるお医者さんは、こう言いました。
「老船にジェットエンジンはいらない。傾いたり、沈没したりしないよう、
伴走する巡視船が必要なのだ」
あれれ？　ひょっとして、ひょっとしたら、
「老船にジェットエンジン」、
無理矢理つけさせようとしていませんか？

鉄則2

オーバーに表現する

演技、身振りを交えて伝える

鉄則2 1

「お食事ですよ」と言うより、

いきなり問題です。

A「あそこのラーメン、おいしいよ」
B「あそこのラーメン、めっちゃくちゃ、おいしいよ！」

あなたは、AとBどちらの、ラーメンを食べたいと思いますか？

ぼくなら、Bの「めっちゃくちゃ、おいしいラーメン」を食べたいと思います。
おいしさって、味だけでなく、言葉にも関係があるのです。

たとえば、
〝世界に認められた三ツ星レストラン〟
そう聞いただけで、もう、すでに、おいしそうな気がしてきます。

鉄則2　オーバーに表現する

まだ、食べてないのに、です。

もちろん、介護にもそのまま使えます。


「食事ですよ」

いいえ、それを言うなら、

「とっーてもおいしい！　食事ですよ！」

と言いましょう。

言い方のコツは、大げさすぎるくらいに言うことです。

シニアは、その表現こそを、

「見て」、「聞いて」、「感じている」のです。

それが、感性（心）の運動なのです。

シニアの心と体によい言葉がけ

「お食事ですよ」と言うより、**「とっーてもおいしい！　食事ですよ！」**。

鉄則2

2

「上手ですね」と言うより、

体操しているときに、
シニアの方々をほめると、
動きが変わります。
体の動きがよくなるのです。
だから、運動効果もアップします。

そして、ほめるときにおススメなのが、
「上手ですね」より、**「おぉーー!」**

たとえば、
元気に足ぶみをしたら、
「おぉーー!」
すると、みなさんは、おもしろがって、

鉄則2　オーバーに表現する

また、ぼくを驚かそうとするんです。
そして、また、
「おぉ――！」（この繰り返し）

ぼくの感触では、
言葉より、驚く方が、
より、よろこんでもらえます。

よろこんでほしいなら、
ほめてください。
ほめるなら、思い切って驚いてください。

シニアの心と体によい言葉がけ

「上手ですね」と言うより、**「おぉ――！」**。

鉄則2

3

「早く食べてください」と言うより、

食べるのが遅いと、つい、

「早く食べてください！」

そう言いたくなります。でも、ちょっと待ってください。
思ったことを、そのまま口に出してしまうと、
きつい言い方になってしまいます。

それだと、相手に伝わらないし、
それどころか、気分も悪くなりそうです。
そんなときに、おススメの一言がこれ。

「うわ――、おいしそう！」

鉄則2　オーバーに表現する

不思議なもので、
そう言えば、そう思えてくるんです。
口に出して言った言葉というのは、
現実になるんです。

できれば、大げさに言ってください。
感情を表現して見せるのは、
よい刺激にもなりますから。

たとえ演技だっていいんです。
それが、健康によいのだったら。

シニアの心と体によい言葉がけ

「早く食べてください」と言うより、**「うわ――、おいしそう！」**。

鉄則2

4

「お薬ですよ」と言うより、

小麦粉を、薬だと思って飲んだら、
なんと、病が治った。
そんな信じられないような話があります。

薬じゃなくても、
薬だと信じて飲むことによって、
なんらかの改善がみられる。
これを、プラシーボ効果（偽薬効果）と言いいます。

ほかにも、
「手術をする」と言って、ただヒフを切っただけで、症状が改善した。
なんて信じられないような話もあります。
一体、なぜそうなるのでしょう？

鉄則2 オーバーに表現する

それは、**「思い」**や**「考え」**が、**症状を改善させる**のです。
病は、心の領域が大きいのです。
まさに、「病は気から」。
「お薬ですよ」
それを言うなら、ぜひ、こう言いましょう。
「とってもよく効くお薬ですよ。
試しに飲んでみてください」
だって、「効くと思えば、効く」んですから。

シニアの心と体によい言葉がけ

「お薬ですよ」と言うより、**「とってもよく効くお薬ですよ」**。

鉄則2

5

「そうですね」と言うより、

「元気な人の共通点は何ですか?」

知り合いのある介護士にこんな質問したら、
そのこたえは、なんと、
「よくしゃべる人」でした。

たとえ、体が衰えても、
よくしゃべる人は、元気なのです。
「口は健康の元」です。

だから、女性の平均寿命も長い。
(ぼくは、勝手にそう思っています。)
だったら、健康のために、

もっと、もっと楽しくしゃべりましょう！
そこで、ぜひ、おススメのひと言。

「うわ～、おもしろそうですね！」
「それ、もっと聞かせてください！」

あなたに興味がある。
あなたの話が聞きたい。
そう伝えましょう。
そして、聞いてるだけじゃなく、
ぜひ、あなたも、楽しんで、おしゃべりしましょう。
そうすれば、効き目もアップしますから。

シニアの心と体によい言葉がけ

「そうですね」と言うより、**「もっと聞かせてください」**。

鉄則2
6

「気持ちいいですか？」と言うより、

ぼくは、体操支援をするときに、

（体を動かして）

「気持ちいいですか？」

という聞き方をしません。

相手に聞くのでなく、自分でこう言います。


「とっーても、気持ちいい〜」

いかにも気持ちよさそうな感じで、言います。
すると、どうなるか？
不思議なことに、
それを見たり、聞いたりしている人も、
そんな気分になります。

元気な人を見れば、元気になるし、
笑ってる人を見れば、楽しくなる。
悲しそうな人を見れば、悲しくなるし、
怒ってる人を見れば、なんだかイヤな気分になる。
それと同じです。

たとえ、それが、「気持ちよさそうな演技」
でも、よいと思います。
それで、相手が気持ちよくなるのだったら。

シニアの心と体によい言葉がけ

「気持ちいいですか?」と言うより、**「とっーても、気持ちいい～」**。

コラム②

言葉がけと車のクラクション

ぼくは、車のクラクションの音を聞くと、「ドキっ！」としてしまいます。

あの音、絶対に心臓によくないです。

「そんなに大きな音を出さなくてもいいのに……」

そう思ってしまいます。

この話、言葉がけと全く同じです。

たとえば、誰かにきつく叱られる。でも、その言い方がよくないと「そんな言い方しなくてもいいのに……」と、思ってしまいます。それが、たとえ、自分が悪いとしても、です。もし、そうなってしまったら、もうそれ以上話なんかできません。

話を車のクラクションに戻します。

クラクションを鳴らすなら、ぜひ、やさしい音にしてください。そうすれば、「あっ、ごめんなさい。でも親切に教えてくれて、ありがとう」と思えます。

何より、「ドキっ！」としないですみます。

結論を言います。言葉がけも、やさしくしてください。

鉄則3

はっきりさせて話す

ものごとを
はっきりさせて話す

鉄則３

1

「何がしたいですか？」と言うより、

「何がしたいですか？」


この言い方、結構、戸惑います。

戸惑いは、感情を乱します。

体にもよくありません。

そんなときは、こう言ってみてください。

たとえば、着る洋服に迷っていたら、

「どれにしますか」より、

「こっちとあっち、どっちにしますか？」

何を食べるか迷ってるときは、

「なにが食べたいですか」より、

鉄則３　はっきりさせて話す

「これとあれ、どっちが食べたいですか？」

うたをうたうときは、
「何がうたいたいですか？」より、
「あのうたとこのうた、どっちがよいですか？」

選択肢があれば、
決定するのもかんたんで、やさしいのです。

ちなみに、選択肢は、２つにしてください。
３つになると、また、迷ってしまいますから。

シニアの心と体によい言葉がけ

「何がしたいですか？」と言うより、**「あれとこれ、どっちがよいですか？」**。

鉄則3

2

「体調はどうですか？」と言うより、

「体調はどうですか？」
よく相手の健康状態を知るのに、
こう言います。
でも、ぼくは、こう言います。

「よく眠れますか？」

そう聞くと、相手のこたえは、

「眠れる」

「眠れない」

どちらか2つの回答になります。

そして、「眠れない」とこたえた方には、
その理由をくわしく聞いていきます。

そうやって、話を聞いていくうちに、
健康状態がくわしく把握できます。
さらに、相手からしてみれば、
「話を聞いてくれた」満足感アップです。

これが、もし、「体調はどうですか？」
だと、「まあまあ」とか「よい」とかで、
話がそこで終わってしまうのです。

「よく眠れますか？」は、
会話のきっかけ、であり、
健康のきっかけ、なのです。

シニアの心と体によい言葉がけ

「体調はどうですか？」と言うより、**「よく眠れますか？」**。

鉄則3
3

「おはようございます」と言うより、

「話すときに注意することは何ですか？」

ある盲人老人ホームに行ったときに、ぼくは、こんな質問をしました。

盲人老人ホームとは、
目の不自由なシニアの方々が、生活する所です。
質問のこたえは、

「必ず、名前を呼ぶ」こと。

そうしないと、**誰に言ってるのか、わからないのです。**
そのとき、こう思ったのです！

名前を呼ぶのは、「あなたに言葉を贈りますよ」

という合図なのです。

合図があれば、それを受け取る心の準備ができます。

そしてこれは、目の不自由な人だから大切なのではなく、
ほかの誰にとっても、同じように大切なことなのだと。
そこに気づきました。

「おはようございます」

いえ、それを言うなら、ぜひこう言ってください。

「○○さん、おはようございます」

シニアの心と体によい言葉がけ

「おはようございます」と言うより、**「○○さん、おはようございます」**。

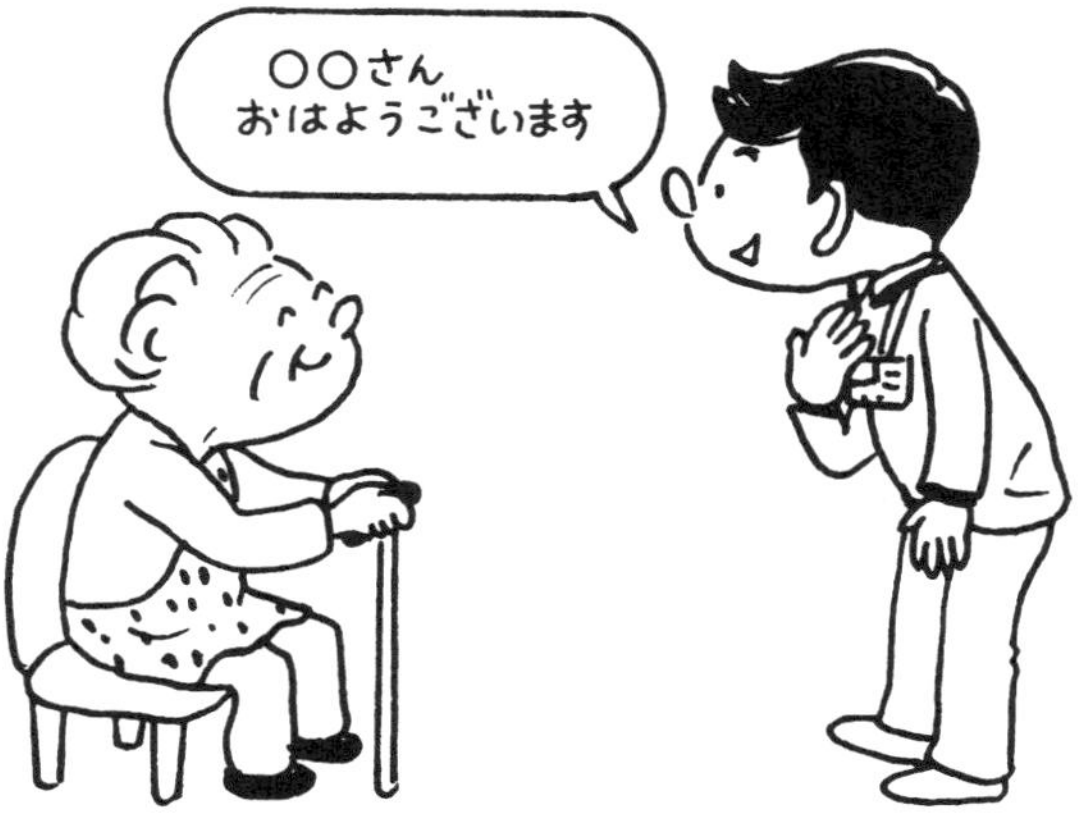

鉄則3

4

「こんにちは」と言うより、

「こんにちは」
ぼくは、そのあとに、よくこう言います。

「こんにちは。お会いできてうれしいです」

「こんにちは」だけより、
この一言があると、
相手にも、もっとよろこんでもらえます。

よい気分になれば、
体操をするときにも、
体の動きがよくなります。
したがって、運動効果もアップ!

だから、ぼくは、お一人おひとりに、
必ずあいさつをするようにしています。

「あたしも、先生にあえてうれしい――!」

逆に、そう言われることもあります。

そうしたら、もう、ぼくもよい気分です。

全員がよい気分になる。
そんな雰囲気の中で体操するのは、
とても最高です!
それもこれも、この一言のおかげです。

シニアの心と体によい言葉がけ

「こんにちは」と言うより、「こんにちは。お会いできてうれしいです」。

鉄則3

5

「両手をあげましょう」と言うより、

「目の不自由な人にもできる体操はありませんか？」

介護の現場で働く人から、とても多い質問です。

「目の不自由なシニアは、

ほかの方々といっしょに体を動かすのがむずかしい」

ということです。

では、どうしたらよいか？

ポイントは、

「言葉だけでもわかる動き」 をすることです。

たとえば、バンザイ。

「バンザイしましょう」

鉄則３　はっきりさせて話す

それだけ言えば、すぐにわかります。
実にかんたんです。
言い方は、
「両手をあげましょう」より、
「バンザイしましょう」です。
（声を出してするとスッキリします）

このほかにも、グーパー、足ぶみ、深呼吸、拍手、
などが、わかりやすくて、かんたんに出来ます。

それと、拙書『目の不自由な人も耳の不自由な人も
いっしょに楽しめるかんたん体操25』もおススメします。

シニアの心と体によい言葉がけ

「両手をあげましょう」と言うより、**「バンザイしましょう」**。

コラム③

名前に「様」をつける効果とは？

「○○様、お変わりないですか？」

「△△様、何か困ったことがあったら、遠慮なく言ってください」

ある老人ホームでは、利用者であるシニアのことを、名前に「様」をつけてよびます。

このように、名前に様をつけてよぶ施設は、この老人ホームだけです。（ぼくの知る限り）

そこでの会話は、まるで〝高級ホテル〟です。

ホテルマンがお客様と接しているようです。

さて、名前に「様」をつけると、どんな効果があるのでしょう？

これが驚いたことに、すべてにおいて、言葉遣いがていねいになります。

乱暴な言葉がなくなります。

したがって、会話でイライラすることがなくなります。

つまり、「様」をつけるのは、体にも心にもよいのです。

その証拠に、その施設、いつ行っても明るくてよい雰囲気が漂っています。

鉄則4

強制しない

強制的な言葉は
極力使わない

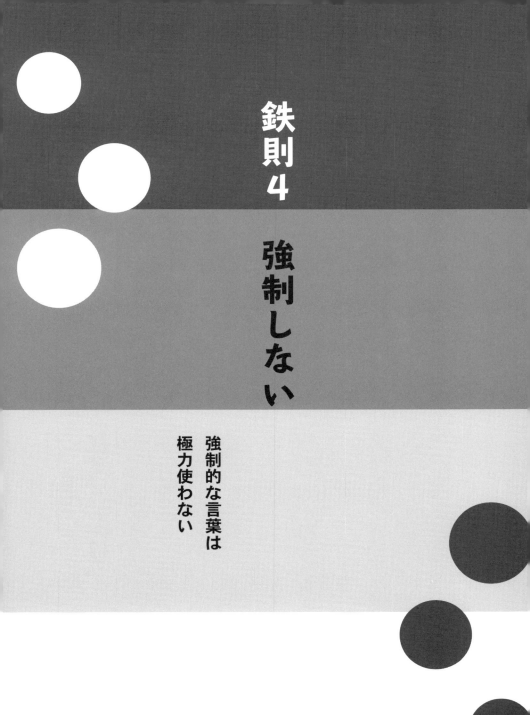

鉄則4

1

「がんばってください」と言うより、

「がんばってください!」

ぼくは、シニアの方々に、この言い方はしません。
いつも言うのは、これです。

「楽しんでください!」

「健康のために、がんばる」のではなく、
「楽しいから、がんばる」からです。
だから、健康によいのです。

いくら健康によいことでも、それがつまらなければ、
集中して、持続できるシニアは、めったにいません。

だから、いくら健康によいことでも、
つまらなければ、運動効果が低いのです。

また、気力、体力、集中力が低下している方々に、
いくら「がんばってください！」と言っても、
心に届きにくいように思うのです。
「こっちはこれでも、精一杯がんばってんだよ」って。

「楽しいのが健康によい」ことは、
最近の医学でも証明されています。
なので、この本は、ぜひとも、
「楽しんで読んでください！」

シニアの心と体によい言葉がけ

「がんばってください」と言うより、**「楽しんでください！」**。

鉄則4

2

「いっしょに体操しませんか」と言うより、

「よかったら、いっしょに体操しませんか?」

ある男性シニアにそう声をかけたら、

「いや、いいよいいよ」

そう言って、その場から立ち去ってしまいました。

これ、男性に多いのです。

そんなこともあって、ぼくは、

「男性シニアは、集団で行動するのが〝嫌い〟」

なのだと思っていました。


でも、実は、そうではないのです。

「〝嫌い〟じゃなくて〝苦手〟」だったのです。

シャイなのです。男性って。

だから、言葉がけを、こう変えました。

「自由に出入りしてください。見てるだけでも、**いっしょにしなくてもいいんです。**」

自由にやめて、（いつ退出しても）かまいませんよ。ってことです。

そうやって逃げ道をつくっておいて、**不安をやわらげるのがねらい**です。

「嫌い」と「苦手」は、違います。

苦手なら、必要なのは苦手意識を減らす言葉がけです。

シニアの心と体によい言葉がけ

「いっしょに体操しませんか」と言うより、**「いっしょにしなくてもいいんです」**。

鉄則4

3

「転ばないように」と言うより、

「転びたくない」、不思議なもので、そう思えば思うほど、転びます。

転びたくない、と思う

←

体が硬くなる

←

動きが鈍くなる

←

つまずきやすくなる

転ばないようにするには、「転びたくない」と思わないのが一番です。

だから、もし言うのなら、

「ちょっとくらい転んだって、平気」

「打ち所さえ悪くなければ、大丈夫」

ぼくの知り合いの男性シニアは、
足腰が弱って、何度も転倒しました。
でも、大ケガをしたことは、一度もありません。
転ぶことを、全く怖がらないのです。

転倒予防には、ご本人に、「転びたくない」と、
思わせないことです。
自信をもって、安心して、
元気に歩いてもらいましょう！

シニアの心と体によい言葉がけ

「転ばないように」と言うより、
「ちょっとくらい転んだって平気」「打ち所さえ悪くなければ、大丈夫」。

鉄則4

4 「ケガに気をつけて」と言うより、

あるデイサービスでは、
施設を利用するシニアの方々に、
「ケガに気をつけてください！」
と、何度も繰り返して言います。

でも、これ、ホントは、よくないのです。
なぜなら、現場で働く人たちに、
「絶対にケガをさせてはいけない」
という気持ちがあまりに強いと、
「あれもダメ、これもダメ」と、
行動を制限したくなります。

この息苦しい雰囲気こそが、体によくないのです。
ケガを防ぎたいなら、
ホントは、「ケガ」って言葉を言わないのがよいのです。
だから、ぜひ、こう言ってみてください。

「楽しんでしましょう」

楽しいは、元気。
元気は、ケガを遠ざける。
なによりも、「楽しいほうがよい」
そう思いませんか。

シニアの心と体によい言葉がけ

「ケガに気をつけて」と言うより、**「楽しんでしましょう」**。

鉄則4
5

「あわてないで」と言うより、

シニアがケガをする原因第一位。
何だか知ってますか？
あくまでも、ぼくの知る限りですが、
それは、「あわてる」ことです。

「体力の低下」より、「あわてる」ことの方が
ケガの原因になりうるのです。
体より、メンタルなのです。

なので、**シニアのケガを防ぐには、**
落ち着いて、行動するのが一番です。
では、頭の中がパニック状態の人に、
どう言ったら、落ち着いてもらえるしょうか？

「あわてないで」

そう言うより、もっとよい言葉がけがあります。

それは、

「深呼吸しましょう」

吸ったり、吐いたりしているうちに、
自然に、気持ちがスーッと落ち着いていきます。

または、

「〝フ〜〜〜〟っとして（はいて）」

も、おススメです。

シニアの心と体によい言葉がけ

「あわてないで」と言うより、**「深呼吸しましょう」**。

鉄則4

6

「よく噛んで食べて」と言うより、

認知症の予防になる
ガンの予防になる
体力が向上する
ダイエットに効果がある

知ってましたか?
これ、全部、
「よく噛んで食べる」ことのメリットです。

認知症や、ガンの予防にもなって、
さらに、体力向上になるなんて、
まさに、シニアに最適です。
そう考えてみると、

鉄則4 強制しない

食事するのは、
健康になるビッグチャンスです。
せっかくのビッグチャンス、
逃さずに、つかみとりましょう。
「よく噛んで食べて」
いえ、もっと、よい言い方があります。

「よく味わって、食べて」

そう言えば、自然によく噛むようになります。
なによりも、食事が美味しくいただけます。

シニアの心と体によい言葉がけ

「よく噛んで食べて」と言うより、**「よく味わって、食べて」**。

鉄則4

7

「食べなきゃダメ」と言うより、

「食べなきゃダメ」

この言い方をされますと、シニアの方は、

「そんなのわかってるよ！」

と怒り、ストレスになります。


そうなれば、ますます、食欲減退。

なので、無理矢理食べさせようとするのは、逆効果です。


じゃあ、どう言えばよいか？

おススメの言葉がけは、

「食べたくなったら言って」

これなら、ストレスになりません。
「食べなきゃダメ」は、命令です。
それに対して、
「食べたくなったら言って」は、
主導権が相手にあります。

「食べるか？ 食べないか？」
それを決めるのは、食べる人なのです。

シニアの心と体によい言葉がけ

「食べなきゃダメ」と言うより、**「食べたくなったら言って」**。

鉄則4

8

「お薬飲まないとダメ！」と言うより、

「お薬飲まないとダメ！」
「どうして飲まないの！」
「お医者さんが言ってるんですよ！」

いくら、薬を飲ませたくても、無理強いはダメです。
命令、強制は、
余計に態度を硬化させてしまいます。
そんなときに、おススメな言葉がけは、

「お医者さんに頼まれちゃった」

「先生に怒られちゃう」

言い方のポイントは、いかにも、

「困ってるの！」

「お願い！　助けて！」

って、感じで言ってください。

それで、もし飲んでくれたら、

「ありがとうございました」

(助けてくれてありがとう)

くれぐれも感謝の一言を忘れずに。

シニアの心と体によい言葉がけ

「お薬は飲まないとダメ！」と言うより、**「お医者さんに頼まれちゃった」**。

鉄則4

9

「いらないものは捨てて」と言うより、

「いらないものは捨ててください」

そう言われても、捨てられないものです。
それが、思い出のあるものだったりしたら、
なおさらです。
そんなときには、こう言ってみてください。

「ときめくものは、どれですか?」

いらないものを捨てるのでなく、
まだ**気持ちがときめくものを残す**のです。

ぼくもそうですが、

鉄則4　強制しない

そのものが**本当に大事なのかどうか、**
よく考えるのは、
自分と向き合うチャンスにもなります。

ちなみに、聞き方としては、
「大事なものはどれ？」より、
「ときめくものはどれ？」がよいです。
「大事なもの」だと、
「全部大事」になってしまいますから。

シニアの心と体によい言葉がけ

「いらないものは捨てて」と言うより、**「ときめくものは、どれですか？」**。

コラム④

暮らしは快適なはずなのに

ある老人ホームが、建物を新しくしました。

それまでの、和室の４人部屋から、洋室の２人部屋になりました。

部屋も設備も最新です。

以前に比べて、格段に快適な暮らしになりました。

ところが、思いもよらない事態が起きてしまいました。

それは、「さびしい」と言う人が増えてしまったのです。

施設はまるでホテルのようです。

でも、そのホテルのような部屋で過ごすのが快適なあまり、部屋で過ごす時間が増えたぶん、人と話す機会は減ってしまったのです。

なんとも皮肉な話です。

健康に大事なのは、おしゃべり、です。

「会話を最も重要視するのが、健康の秘訣」だと思います。

鉄則5

簡潔な言葉で話す

一言で、短く、
わかりやすく伝える

鉄則5

1

「手を洗って、うがいして」と言うより、

「手を洗って、うがいをしましょう」

これ、よくない言い方です。
どこがよくないかっていうと、
長いです。話が。
長いと、忘れてしまうのです。

「手を洗って、うがいをして」は、
することが「2つ」あります。
そうではなく、

まず、はじめに、
「手を洗いましょう」

そして、それが終わったあとで、
「うがいをしましょう」

「一度にひとつだけ」にすることで、
忘れるのを防ぐことができます。
（特に、認知症レベルの人に有効です）

「覚えやすい」は、スッキリ。
「覚えにくい」は、イライラ。

体によいのはどっちでしょう？
もちろん、スッキリです。

シニアの心と体によい言葉がけ

「手を洗って、うがいして」と言うより、**「手を洗いましょう（一度にひとつだけ）」**。

鉄則5

2

「数字を覚えましょう」と言うより、

「神経衰弱」という、トランプゲームがあります。
カードを伏せて並べて、同じ数字のカードが当たるように、
2枚ずつ、めくっていきます。

ある老人ホームで、これをしたところ、大失敗。
ほとんどの人が、何がどこにあるのか、覚えられませんでした。

そこで、現場スタッフの方は、どうしたか？
なんと、思い切って、ルールを変えてしまいました。
さて、それは、どんなルールだったのでしょう？

ヒントその1　これなら忘れても大丈夫。
ヒントその2　「数字」を覚えるのは難しいので……。

こたえは、
「同じ色のカードをめくると当たり」です。
ハート（赤）とハート（赤）なら、当たり、
ハート（赤）とダイヤ（赤）でも、当たりです。
（黒も同様）

なんと、そのあとに、当たりが続出。
誰でも当たりを引けばうれしいのです。
みなさん大満足でした。（めでたし！　めでたし！）

シニアの心と体によい言葉がけ

「数字を覚えましょう」と言うより、**「色を覚えましょう」**。

鉄則5

3

「肩を上げ下げして」と言うより、

「ちょっとした時間に、
かんたんに出来る体操を教えてください」

現場スタッフの方から、よく質問されます。

そんなときに、おススメなのは、

「肩の上げ下げ」です。

言い方は、

「肩を上げ下げしてください」

ではなく、ぜひ、こう言ってください。


「ギュー!」

「ストーン」

「ギュー!」で、肩を上に持ち上げて、
「スト～ン」で、肩を下げます。

見本を見せながら、いっしょに行います。

「ギュー!」は、思いっきり力を入れて、
「スト～ン」で、力がス～っと抜ける。
ぜひ、全身でそう表現してください。
(実は、演技、表現が大事です)

リラックス効果もあって、
これで、気分スッキリです。

シニアの心と体によい言葉がけ

「肩を上げ下げして」と言うより、**「ギュー!　スト～ン」**。

鉄則5

4 「外出禁止」と言うより、

ある認知症デイサービスでは、
「ひとりで勝手に外出してしまうのを防ぐ」ために、
入口の戸に貼り紙をします。

さて、その貼り紙には、一体なんて書いてあるのでしょう?

ヒントその1 「外出禁止」でありません。
ヒントその2 文章でなく、単語です。
ヒントその3 漢字二文字です。

正解は**「故障」**です。

このような貼り紙があると、

「扉が故障してるために、開かない」
そう思いこむのだそうです。

貼り紙って、文章が長過ぎて、
わかりづらいものが多い気がします。
でも、これぞ簡潔。一瞬で理解出来ます。

「してほしくない」ことを、
「しない」ようになる。

貼り紙の効果は絶大です。

シニアの心と体によい言葉がけ

「外出禁止」と言うより、**「故障」**。

鉄則5

5

「腕を振って、足ぶみして」と言うより、

「腕を振って、足ぶみをしましょう」

ぼくは、体操をするときに、
このようには、言いません。
足ぶみをするときには、こう言います。

「背筋を伸ばしましょう」
「胸をはりましょう」
「腕を振りましょう」
「足ぶみをしましょう」

そして、最後に、
「ニッコリしましょう」

これで、足ぶみの完成です。
しかも、全員笑顔！

ポイントは、「1回にひとつ」です。

鉄則5の1でもお話しましたが、
「1回にひとつ」のメリットは、
メリット1　話が、とってもわかりやすい。
メリット2　一つひとつが、全部運動になる。
メリット3　あきずに長続き出来る。

話を伝える極意は、「1回にひとつ」です。

シニアの心と体によい言葉がけ

「腕を振って、足ぶみして」と言うより、**「腕を振りましょう（1回にひとつ）」**。

おわりに ー「言葉がけ」とあともうひとつだけ

最後に、ひとつだけ、言いたいことがあります。

「はじめに」で、「言葉がけで健康になる本」と言いました。
でも、それは、「言葉がけさえすればよい」のではなくて、
それに、あともうひとつ、
セットにするとよいものがあります。
「言葉がけ」とセットにするとよいもの。
それは、「思いやり」です。

「思いやり」を込めて「言葉がけ」する、ということです。

「言葉」と「思いやり」
この二つの力が合わされば、もう最強コンビです。

「言葉」と「魂（心）」と書いて、
「言霊（ことだま）」になります。
言霊とは？
「言葉に宿る不思議な力」のことです。

つまり、
「言葉がけ」と「思いやり」がいっしょになれば、
不思議な力を発揮することが出来るのです。
（これって、ものスゴいことだと思いませんか？）

その不思議な力（言霊）を上手に使ってください。
そして、みなさまのそばにいる
方々を明るく元気にしてください。

平成二十九年八月

ムーヴメント・クリエイター　斎藤道雄

著者紹介

●斎藤道雄

体操講師，ムーヴメント・クリエイター。クオリティ・オブ・ライフ・ラボラトリー主宰。

自立から要介護シニアまでを対象とした体操支援のプロ・インストラクター。

体力，気力が低下しがちな要介護シニアにこそ，集団運動のプロ・インストラクターが必要と考え，運動の専門家を数多くの施設へ派遣。「お年寄りのふだん見られない笑顔が見られて感動した」など，シニアご本人だけでなく，現場スタッフからも高い評価を得ている。

[お請けしている仕事]
○ 体操教師派遣（介護施設，幼稚園ほか）　○ 講演　○ 研修会　○ 人材育成　○ 執筆

[体操支援・おもな依頼先]
○ 養護老人ホーム長安寮
○ 有料老人ホーム敬老園（八千代台，東船橋，浜野）
○ 淑徳共生苑（特別養護老人ホーム，デイサービス）ほか

[講演・人材育成・おもな依頼先]
○ 世田谷区社会福祉事業団　○ セントケア・ホールディングス（株）
○（株）オンアンドオン（リハビリ・デイたんぽぽ）ほか

[おもな著書]
○『車椅子の人も片麻痺の人もいっしょにできる新しいレクリエーション』
○『椅子に腰掛けたままでできるシニアのための脳トレ体操＆ストレッチ体操』
○『超シンプルライフで健康生活』
○『目の不自由な人も耳の不自由な人もいっしょに楽しめるかんたん体操 25』
○『要介護シニアにも超かんたん！　ものまねエア体操で健康づくり』
○『認知症の人も一緒に楽しめる！　リズム遊び・超かんたん体操・脳トレ遊び』
○『介護レベルのシニアでも超楽しくできる声出し！　お祭り体操』（以上，黎明書房）

[お問い合わせ]
ホームページ：http://www.michio-saitoh.com/
メ　ー　ル：info@michio-saitoh.com
ァックス：03-3302-7955

イラスト・伊東美貴

介護《かいご》スタッフのためのシニアの心《こころ》と体《からだ》によい言葉《ことば》がけ５つの鉄則《てっそく》

2017年9月20日　初版発行

著　者　斎《さい》藤《とう》道《みち》雄《お》
発行者　武馬久仁裕
印　刷　株式会社太洋社
製　本　株式会社太洋社

発　行　所　株式会社 黎《れい》明《めい》書《しょ》房《ぼう》

〒460-0002　名古屋市中区丸の内 3-6-27　EBS ビル　☎ 052-962-3045
FAX 052-951-9065　振替・00880-1-59001
〒101-0047　東京連絡所・千代田区内神田 1-4-9　松苗ビル 4 階
☎ 03-3268-3470

落丁本・乱丁本はお取替えします。

ISBN978-4-654-07655-0